D1865741

Für Katzen Freunde

Herausgegeben von
Nina Sandmann

GROH

Für Katzenfreunde, die
ihre eigenwillige Samtpfote
fest in ihr Herz geschlossen haben ...

... und für die Katze,
die der gute Geist des Hauses ist.

Gute Geister

Wenn es ein universelles Geräusch gäbe, um Frieden zu beschreiben, ich würde bestimmt fürs Schnurren stimmen.

Aus Katzensicht gehört von A-Z alles den Katzen –
das Sofa, die Kuscheldecke, das ganze Wohnzimmer …
Eines ist ihnen aber auf jeden Fall ganz sicher:
ein Platz in unserem Herzen.

*Wo immer sich eine Katze niederlässt,
wird sich das Glück einfinden.*

STANLEY SPENCER

Man muss Katzen nicht beibringen, wie man es sich gemütlich macht. In dieser Hinsicht sind sie von unerschöpflichem Erfindungsgeist.

JAMES MASON

Katzen haben ihre ganz eigene Sicht auf die Dinge.
Du brauchst gar nicht erst probieren, ihr etwas Nützliches
oder gar Kunststückchen beizubringen,
sie macht ja doch, was sie will.

Eine Katze ist einfach eine Katze,
so ist das eben.

AMERIKANISCHES SPRICHWORT

Ein Hund denkt:
„Sie füttern mich, sie pflegen mich,
sie kümmern sich um mich,
sie müssen Götter sein."

Eine Katze denkt:
„Sie füttern mich, sie pflegen mich,
sie kümmern sich um mich …
ich muss ein Gott sein."

An unserer Katze können wir uns ein Beispiel nehmen: selbst wenn es regnet – sie lässt sich die Sonne auf den Pelz scheinen und genießt die Sonnenseite des Lebens.

Den Platz im Zimmer, auf den die Sonne scheint, findet die Katze und macht es sich dort bequem.

NINA SANDMANN

Eigenwillige Samtpfote

Kein Designer der Welt könnte ein Tier schaffen, so perfekt wie die Katze.

NINA SANDMANN

Eigenwillige Samtpfote

Sie ist anschmiegsam, schläft vor unserem Ofen
und streicht uns elegant um die Beine.
Aber so vertraut uns die Katze auch sein mag –
sie ist immer nur ein Miau von der Wildheit entfernt.

Du kannst die Katze aus der Wildnis holen,
aber nicht die Wildheit aus der Katze.

Eigenwillige Samtpfote

In einem sind uns Katzen weit voraus:
Sie nehmen ohne zu zögern jede Hürde
und gehen ganz gelassen durchs Leben –
auch, wenn's mal eng wird.

Gelassenheit ist eine Zier.
Deine Katze zeigt es dir.

A. PENKA

Katzen kommen nicht, wenn du sie rufst;
sie kommen, wenn sie es für angebracht halten.

WILFRIED P. LAMPTON

Katzen sitzen immer an der falschen Seite der Tür.
Lässt man sie raus, wollen sie rein –
lässt man sie rein, wollen sie raus.
Sie sind spontan und schnell entschlossen,
und daran lassen sie uns auch gern teilhaben.

*Das Herz einer Katze ist weich und sanft,
zugleich aber unberechenbar und entschlossen.*

NINA SANDMANN

Charmante Hausgenossen

Es muss wundervoll sein, als Katze zu leben: du wirst gefüttert und gestreichelt und kannst trotzdem kommen und gehen, wie es dir passt.

NINA SANDMANN

Katzen entdecken die Welt jeden Tag aufs Neue,
Langeweile kennen sie nicht. Wie gut, dass sie trotzdem wissen:
zu Hause bei uns ist es am schönsten!

*Katzen lieben Menschen viel mehr
als sie zugeben wollen,
aber sie besitzen soviel Weisheit,
dass sie es für sich behalten.*

MARY E. WILKINS FREEMAN

Von wegen eine schwarze Katze bringt kein Glück –
jedes Kätzchen bringt ein Bündelchen
Liebe mit auf diese Welt.

NINA SANDMANN

Charmante Hausgenossen

Deine Katze teilt alles mit dir – am liebsten dein Sofa, deine Kissen, deine Grünpflanzen … Sie hat einfach ein herzliches, einnehmendes Wesen und zeigt uns dabei ganz charmant, wer im Haus nun eigentlich das Sagen hat.

Wenn dich eine Katze adoptiert, hilft alles nichts. Das muss man ohne Wenn und Aber akzeptieren.

T. S. ELIOT

Katzen haben ein tolles Leben –
sie tun was sie wollen, wann sie es wollen,
und so oft sie es wollen.

RICARDO PHILIPS

Mis inmortales del cine
JOSEP RENAU, FOTOMONTADOR
Josep Renau
Britta Benke: O'Keeffe
M.C. Escher
Estampas y dibujos
Werner Kriegeskorte: Arcimboldo
y color
EL MUNDO
EL MUNDO
UNITED COLORS
Frédéric Strauss
RENÉ HUYGHE
EL ARTE Y EL HOMBRE
RENÉ HUYGHE
EL ARTE Y EL HOMBRE

Ein Hund sitzt neben dir,
wenn du arbeitest.
Eine Katze sitzt auf deiner Arbeit.

PAM BROWN

Neugierige Gesellen

Die Neugier von Katzen ist unerschöpflich.

NINA SANDMANN

Wollknäuel, Vorhänge, Schnürsenkel oder Blätter...
Alles, was knistert oder sich bewegt, muss schnell in Sicherheit gebracht werden. Denn unsere Katze spielt mit allem, was sich dazu eignet. Am liebsten kugelt sie sich in Gesellschaft. Katzen beim Spielen zu sehen, bringt uns einfach zum Schmunzeln!

Im gemeinsamen Spiel wurzelt die Freundschaft.

PATRICE JEANCOURT

Wer mit einer Katze spielt,
muss auch wissen,
dass sie Krallen hat.

AUS ÄGYPTEN

Bei all ihrer Verspieltheit und Eigenwilligkeit – man kann sich keinen sensibleren und klügeren Mitbewohner als die Katze wünschen. Sie ist ein echtes Allround-Talent: hört zu, kuschelt gern, tröstet uns und macht gute Laune.

Der Mensch hält sich für klug,
aber Katzen sind unendlich viel klüger –
– und sie wissen das.

Der liebenswerte Stubentiger macht aus einem Haus
erst ein richtiges Zuhause.
Unserer Katze gehört aber auch ein fester Platz in unserem Herzen,
sie hinterlässt dort ihre Pfötchenspuren.

*Warum das Leben, das uns allen
schließlich nur einmal geschenkt wird,
nicht mit einer Katze verbringen?*

ROBERT STEARNS

Zeit für Freunde

In dieser Reihe sind außerdem erschienen:

FÜR HUNDEFREUNDE
ISBN 978-3-86713-414-9

FÜR GUTE FREUNDE
ISBN 978-3-86713-406-4

FÜR LIEBE KOLLEGEN
ISBN 978-3-86713-460-6

Immer eine gute Geschenkidee: www.groh.de

Bildnachweis:
Titel, Rücken, S. 2 u. S. 47: mauritius images/Kerstin Layer; Rand: Sabine Krohberger; S. 4: Juniors Bildarchiv/U. Schanz; S. 7: Ross Anania/ Photographer's Choice/Getty Images; S. 8 u. Rückseite: Pinto/Corbis; S. 9: Taubenberger/Taxi/Getty Images; S. 11 u. Rückseite: Werner Weigl; S. 12/13: iStockphoto/Aleksandr Lobanov; S. 15, 21, 23, 34 u. S. 35: Juniors Bildarchiv/Biosphoto/J.-L. Klein & M.-L. Hubert; S. 16: iStockphoto/ kristian sekulic; S. 19: iStockphoto/Gary Martin; S. 22 u. Rückseite: Klaus Scholz; S. 25: www.patriciawillocq.com/Flickr/Getty Images; S. 26: iStock-photo/Miroslava Arnaudova; S. 29: Okapia/J.-L. Klein & M.-L. Hubert; S. 30: M. Schneider; S. 31: Jan Tove Johansson/Riser/Getty Images; S. 33: iStock-photo/Steve Mann; S. 36/37: mauritius images/age; S. 38 u. S. 41: GK Hart/ Vikki Hart/Stone/Getty Images; S. 42/43: Steve Lyne/Dorling Kindersley/ Getty Images; S. 45: Okapia/imagebroker.

Textnachweis:
Wir danken allen Autoren bzw. deren Erben, die uns freundlicherweise die Erlaubnis zum Abdruck von Texten erteilt haben.

Layout:
ki36 Editorial Design, Sabine Krohberger.

Idee und Konzept:
Groh Verlag. Das Werk einschließlich seiner Teile ist urheberrechtlich geschützt. Jede Verwertung außerhalb der engen Grenzen des Urheberrechtsgesetzes ist ohne Zustimmung des Verlages unzulässig und strafbar. Das gilt insbesondere für Kopien, Einspeicherung und Verarbeitung in elektronischen Systemen.

ISBN 978-3-86713-408-8
© Groh Verlag GmbH, 2010

107016-4355-02

Ein Lächeln schenken

Geschenke sollen ein Lächeln auf Gesichter zaubern und die Welt für einen Moment zum Stehen bringen. Für diesen Augenblick entwickeln wir mit viel Liebe immer neue GROH-Geschenke, die berühren.

In ihrer großen Themenvielfalt und der besonderen Verbindung von Sprache und Bild bewahren sie etwas sehr Persönliches.

Den Menschen Freude zu bereiten und ein Lächeln zu schenken, das ist unser Ziel seit 1928.

Ihr

Joachim Groh

GROH